CHEZ

LES

MALGACHES-HOVAS

PAR

Monseigneur de SAUNE

Coadjuteur du vicaire apostolique de Madagascar central.

LYON

A. REY et Cie, IMPRIMEURS-ÉDITEURS

4, RUE GENTIL, 4

1902

CHEZ

LES

MALGACHES-HOVAS

PAR

Monseigneur de SAUNE

Coadjuteur du vicaire apostolique de Madagascar central.

LYON

A. REY et Cie, IMPRIMEURS-ÉDITEURS

4, RUE GENTIL, 4

1902

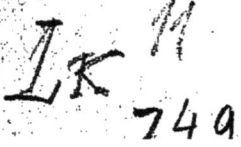

MADAGASCAR. — Eglise d'Ambohimalaza.

MISSIONS D'AFRIQUE

VICARIAT APOSTOLIQUE DE MADAGASCAR CENTRAL

Dernièrement Mgr de Saune, coadjuteur du vicaire apostolique de Madagascar central, donnait à Lyon une remarquable conférence sur la grande île africaine. Sur notre prière, le distingué prélat nous en a envoyé un résumé. Il donne les détails les plus précis et les plus intéressants sur ce pays conquis par la civilisation européenne et dont nos missionnaires s'occupent avec tant de zèle et d'intelligence.

MADAGASCAR

Chez les Malgaches-Hovas.

I. LE PAYS

Structure et constitution.

Madagascar est une des plus grandes îles du monde. Son étendue égale celle de la France, augmentée de la Belgique et de la Hollande.

Les montagnes recouvrent à peu près les deux tiers de la surface. Elles sont constituées par un soulèvement considérable de terrain primitif. L'arête faîtière de ce soulèvement a une direction générale, du nord au sud. La descente est assez brusque du côté de l'est. Elle est plus douce du côté de l'ouest, où se trouve un large palier, recouvert d'une épaisse couche de terrain secondaire. Tout autour de l'île une petite bande de terrain tertiaire forme couronne.

Certains sommets atteignent 2630 et même 2850 mètres. Mais les montagnes, au centre du soulèvement, se tiennent à une hauteur moyenne de 1400 mètres. C'est à cette altitude qu'est placé Tananarive.

✤

Un terrain primitif contient en général des gisements métallifères. Il n'est donc pas étonnant que l'on ait trouvé à Madagascar du fer et de l'or.

En quelle quantité est l'or ? On ne peut encore le savoir exactement. Jusqu'ici, les chercheurs n'ont découvert que des sables aurifères. Mais il est probable que l'or de ces sables provient de quelque filon, de quelque dépôt de minerai, sur lequel les eaux produisent un travail d'érosion. D'après cette hypothèse, Madagascar possèderait autre chose que les sables exploités jusqu'ici.

Les feldspath, constituant l'élément principal du massif montagneux de l'île, ont été analysés en grande partie. Sauf quelques intercalations granitiques, le sol de Madagascar-Central est formé d'une argile rougeâtre, très compacte et à peu près improductive.

MM. Müntz et Rousseau, du laboratoire de Paris, ont étudié cinq cents échantillons de terre, provenant de divers points, et ils ont constaté que là-bas, — sauf bien entendu dans les parties basses, dans les vallées ou vallons, — on manquait d'azote, de phosphore, de calcaire et de potasse.

Climat.

Le climat est tropical, c'est-à-dire présente deux saisons, l'une chaude et humide, l'autre sèche et froide.

La saison chaude, qui commence au mois de novembre, est pluvieuse, parce que, à cette époque de l'année, les vents alizés qui se chargent d'eau en passant sur l'océan Indien et sous l'action des forêts garnissant une partie de l'arête forestière, déversent leur contenu. La saison froide est sèche, parce qu'à ce moment l'évaporation ne charge pas considérablement les nuages.

Cependant Tamatave est trop près de la mer et des forêts, pour avoir sa saison sèche. Là il pleut presque continuellement, et la quantité de pluie annuelle arrive à 3 mètres.

A Tananarive, elle n'est que de 1^m28 environ. Les

températures d'hiver et d'été varient entre + 4 degrés et + 28 degrés, sur le plateau central. Le climat y est donc très doux.

Flore.

Ce qui précède fait comprendre que les végétaux de France ne soient pas à l'aise dans les environs de Tananarive où le terrain est mauvais, l'été pluvieux et l'hiver sec.

Le blé n'a pas réussi, pas plus que la vigne française. Des plants américains ont seuls pu donner des raisins médiocres.

Quelques arbres fruitiers français, tels que le pommier, le prunier, le cognassier, le pêcher se développent convenablement; mais leurs fruits sont acides. Les autres n'ont pas réussi ou bien n'ont pas été mis à l'essai, parce que l'insuccès n'était point douteux.

Dans l'Imérina, on a pu obtenir salades, épinards, oseille, salsifis, poireaux, tomates, aubergines, pois, haricots, asperges, cardons. Les autres légumes n'ont donné que peu ou point de résultats.

La pomme de terre réussit dans certains endroits de l'Ankaratra, où le sol est un peu meilleur.

Les arbres fruitiers de l'Imerina sont le manguier, le goyavier, le bibassier, l'ananas, le pamplemousse. La maturation de ces fruits laisse toujours un peu à désirer pour des Français habitués aux bons fruits de notre midi.

Plantes comestibles : riz, manioc, patates. Plantes tropicales, cultivées surtout sur la côte : caféier, vanillier, cacaoyer, cotonnier, tabac, caoutchouc, arachide, canne à sucre.

Faune.

Les animaux domestiques sont le bœuf à bosse ou zébu, le mouton, la chèvre, le porc.

Halte de porteurs. (D'après une photographie.)

On trouve là-bas quelques chevaux de petite taille et sans caractère spécial. Les bonnes races chevalines d'Europe ne peuvent vivre dans l'Imérina, où la terre ne produit pas de fourrage assez substantiel. Au bout de peu de temps, l'ostéo-malacie (débilitation des os) les fait dépérir.

Les volailles, d'allure élancée, ont peu de corps, sont légion là-bas les dindons, les oies et les canards, qui trouvent une nourriture abondante dans les rizières, habituellement baignées par des eaux presque stagnantes.

Il est à remarquer qu'à Madagascar, on ne rencontre point d'animaux malfaisants. Quoique voisins de l'Afrique, les malgaches ne connaissent ni lions, ni tigres, ni panthères, ni hyènes. Les serpents n'y sont point venimeux.

La seule bête à redouter est le caïman, que l'on trouve dans beaucoup de rivières. Et encore, n'attaque-t-il pas les hommes qui se risquent dans son voisinage, lorsqu'ils sont en nombre et ont soin de faire du bruit.

La côte est malsaine. Sur le plateau, à proximité des rizières, on est exposé à la fièvre.

Voyage de Tamatave à Tananarive.

La distance est de 350 kilomètres. Les douze premiers se font en chemin de fer.

A Ivondro, un petit bateau à vapeur suit le « canal des Pangalanes » jusqu'à Andevoranto. Là on remonte en chaloupe l'Iaroka, navigable jusqu'à Mahatsara.

Pour les 250 kilomètres qui séparent encore de Tananarive, le choix se présente entre le *filanjana* et le pousse-pousse, en attendant les automobiles ou le chemin de fer. Le filanjana est la chaise à porteurs du pays. Le pousse-pousse, sorte de petite voiture à bras, a été importé de Ceylan.

Les Malgaches manient le filanjana avec une grande dextérité, descendent ou montent des pentes très raides, traversent des rivières, passent par des défilés étroits. Le voyageur, un peu effrayé d'abord, finit par se rassurer et avoir pleine confiance en ses porteurs, dont l'audace surprend et rompt la monotonie du chemin.

Avec le pousse-pousse, les raccourcis, les anciens sentiers malgaches sont impraticables. Il faut suivre lentement la grande route, et les cahots fatiguent à la longue.

Arrivé à Tananarive, le voyageur se trouve au centre de l'Imérina, au cœur même de la race Hova.

II. LE MALGACHE-HOVA

Origine.

Il est difficile de fixer, d'une manière sûre, l'origine de cette race, car le Hova ne connaît l'écriture que depuis le commencement du siècle, à l'arrivée des Européens; donc pas d'histoire écrite chez lui, pas d'inscriptions, pas même de monuments. On en est réduit à des conjectures.

Mais voici deux bons arguments en faveur d'une origine malaise :

1º Le type de figure, qui est un type de race jaune, ressemblant au type malais ;

2º L'analogie de la langue malgache avec la langue malaise.

✦

Passons aux qualités et aux défauts des Hovas.

1. Individu

Le Hova est doué d'une grande mémoire. Enfant, il apprend facilement à lire, à écrire, à parler français.

Il comprend les explications qu'on lui donne ; mais ne lui demandez pas de l'invention, un raisonnement suivi... L'esprit de ce peuple n'est pas encore formé.

Des qualités intellectuelles, je passe aux qualités morales. Si mes indications ne se trouvent pas d'accord avec ce qui a été dit par certains explorateurs, je dois avouer que j'ai formé mes jugements par l'étude des Malgaches vivant dans la mission et ayant reçu, par conséquent, une bonne éducation religieuse.

Son caractère est gai ; un rien l'amuse. Il ne se fâche pas et nos colères ou nos impatiences le font rire. Il n'est pas méchant, mais doux. Autrefois, les esclaves étaient fort nombreux en Imérina. Bien traités par leurs maîtres, ils ne se plaignaient pas de leur sort ; et à l'époque de l'affranchissement, décrété par une loi française du 27 septembre 1896, beaucoup d'entre eux ont regretté le bien-être relatif qu'ils perdaient.

⁂

Le Hova respecte le bien du prochain.

Je puis donner deux preuves frappantes de sa probité.

1° Tout le matériel existant dans la mission, tout ce qui nous est venu de France en mobilier, en linge, en comestibles, etc..., a été porté à dos d'hommes, souvent par des hommes isolés. Or, rien n'a été volé, rien n'a été perdu.

2° Lorsqu'une cérémonie religieuse importante a

Madagascar. — Secrétariat général du Gouvernement à Tananarive. (D'après une photographie.)

lieu quelque part, les villages se vident à plusieurs kilomètres, quelquefois à plusieurs lieues à la ronde. Pendant l'absence des habitants, aucune serrure ne protège la porte de leurs demeures. Et cependant tout Malgache, si pauvre soit-il, possède de quoi tenter un plus pauvre que lui. Mais le vol n'est pas dans les mœurs.

On a dit des Hovas qu'ils ne sont pas religieux, qu'il n'est pas de pays au monde plus rebelle à toute idée religieuse.

Vraiment, ceux qui ont parlé et écrit de la sorte n'ont pas vu de près les Hovas de la Mission catholique.

D'abord, avant leur évangélisation, ils croyaient en Dieu. Leur langage est plein de Dieu. « Que Dieu vous garde » ; c'est chez eux une formule de salut. « Salut, ô vous que Dieu a gratifiés d'un descendant », dit-on à la naissance d'un enfant. A l'occasion d'un décès, on n'emploie pas notre formule brutale « Il est mort », mais « Dieu l'a enlevé ».

Autre preuve, et celle-ci fournie par nos catholiques, c'est leur fidélité pendant la dernière guerre, alors que nos missionnaires avaient dû quitter le pays, par ordre du gouvernement malgache.

Lorsque les Pères remontaient un an après, ils se demandaient avec anxiété dans quel état ils allaient retrouver la mission, ses œuvres et surtout les âmes. Quel ne fut pas leur étonnement de voir que tout avait été admirablement conservé ! Après leur départ, un Comité de malgaches catholiques s'était formé et avait veillé.

Les difficultés cependant n'avaient pas manqué, venant surtout du Gouvernement malgache qui ne donnait pas ses faveurs à la religion, appelée « religion des Français. »

Bel exemple de fidélité religieuse, qui montre en même temps de quelle constance sont capables nos Malgaches !

2. Famille

Les liens de la famille, ceux qui doivent unir le mari et la femme, les parents et les enfants, étaient assez flottants chez l'ancien peuple malgache. Point de polygamie sans doute, mais deux conjoints se séparaient dès qu'ils ne se convenaient plus. L'idée d'indissolubilité n'existait pas dans leur conception du mariage.

La stérilité était considérée comme un déshonneur.

Cependant, quand la famille devenait trop nombreuse, quand un enfant naissait avec quelque difformité, la suppression du petit importun se faisait sans scrupule. Dans un baquet plein d'eau, on plongeait la tête de l'enfant jusqu'à ce qu'il fût étouffé.

Aucune idée d'éducation, de devoirs à remplir vis-à-vis des enfants. Les mères aimaient leurs nourrissons à la façon de l'animal qui soigne ses petits un certain temps, puis ne s'en occupe plus. L'enfant malgache, devenu adolescent, jouissait de la plus grande liberté. Il pouvait s'absenter, découcher. On donnait plus de soin à l'*habillé de soie* admis à dormir sous le même toit que ses maîtres !

Une note caractéristique a sa place ici, c'est le respect du Malgache pour ses morts, son culte pour le tombeau de famille, construit habituellement tout près de la case. Là dort de son dernier sommeil le parent mort, dont le cadavre est soigneusement enveloppé d'un nombre considérable de beaux *lambas*. De temps à autre, la famille, en grande cérémonie, va renou-

Madagascar. — Eglise de Fianarantsoa. (D'après une photographie.)

veler ces vêtements et retourner le mort, de peur qu'il ne se fatigue, en restant toujours dans la même position.

3. Société.

Il faut reconnaître une certaine force à la société Hova, puisqu'elle a conquis une grande partie de l'Ile.

Le pouvoir royal, auquel ils attribuaient une origine divine, jouissait chez eux d'une grande autorité.

Autrefois le respect prodigué aux reines, à Ranavolona Ire, par exemple, s'étendait même aux objets qui leur appartenaient. « Place, place, criait un soldat armé d'une sagaie, rangez-vous à droite et à gauche de la route. Voici les paquets de la reine. » Et l'on se rangeait pour saluer une charge de bois ou une cruche d'eau, portée par une des personnes appartenant au service de Sa Majesté.

Peut-être dans cette union des sujets avec leur chef, dans ce respect pour l'autorité, faut-il voir une des causes de cette force, qui a duré jusqu'au moment où elle a dû se mesurer avec une force supérieure européenne ?

III. ÉDUCATION

Le travail d'éducation, que les missionnaires ont commencé bien avant l'annexion de Madagascar, peut se considérer à plusieurs points de vue.

1. Education matérielle.

On a appris aux Malgaches la propreté dont ils n'étaient pas assez soucieux. Des administrateurs français ont fait détruire les cases malpropres, trop rapprochées les unes des autres. Les nouvelles demeures ont été alignées, plus larges, plus confortables, souvent coquettes. Aux jours de convocations officielles, on exige des lambas propres.

Des amendes ont été édictées contre la mauvaise tenue de certains étaux de bouchers ou de marchands de comestibles. Le gouvernement français a construit de nombreux hôpitaux, où les malades sont soignés.

Déjà ces mesures ont porté leurs fruits et, d'après des statistiques médicales, en quelques années, vingt peut-être, la population malgache aura doublé.

2. Education intellectuelle et professionnelle.

Les écoles abondent à Madagascar.

La seule mission catholique du centre a 2150 écoles et à peu près cent mille élèves.

L'enseignement a été réglé, en dernier lieu, par le décret du 25 mars 1901. Les écoles normales forment des instituteurs. Des écoles de degré inférieur enseignent le français, l'histoire, la géographie, l'arithmétique, le dessin. De plus l'étude raisonnée de la langue malgache n'est pas abandonnée.

Avec beaucoup de sens pratique, le décret du 25 mars pousse à l'enseignement professionnel. Ainsi les écoles, qui ont des ressources suffisantes, possèdent un jardin d'essai pour l'enseignement de l'agriculture, des ateliers de menuiserie, de serrurerie, et une forge pour la formation d'ouvriers habiles.

Aux jeunes filles, on apprend la couture, les travaux du ménage, la bonne tenue d'une maison.

L'observatoire qui se dresse sur une hauteur voisine de Tananarive, enseigne aux Malgaches que le ciel, comme la terre, présente à l'intelligence humaine des sujets dignes de son attention et je pense que le Hova, plus instruit aujourd'hui, ne prendrait plus une lunette méridienne pour un canon dangereux !

3. Education artistique.

Le Malgache a une certaine aptitude pour la musique. Et cependant la musique indigène est absolu-

Case malgache. (D'après une photographie.)

ment dépourvue de caractère. Mais dans nos églises, on chante les cantiques, composés par nos meilleurs compositeurs de France. L'excellente musique du régiment d'infanterie, en garnison à Tananarive, se fait souvent entendre. Les Frères des écoles chrétiennes ont de leur côté une très bonne fanfare.

Les monuments construits à Tananarive donnent aux jeunes Malgaches des idées de saine architecture. Qu'il me suffise de citer la Cathédrale et le Palais du Gouverneur général, édifices dont le *Journal officiel de Madagascar* parlait en ces termes dans son numéro du 27 avril 1901 : « La cathédrale de l'Immaculée-Conception constitue certainement à Madagascar, avec le Palais de la Résidence générale, ce qui, jusqu'à ce jour, a été fait de mieux comme architecture. »

4. Education morale et religieuse.

L'éducation morale d'un peuple se fait surtout par la Religion, seule capable de lui apprendre à refréner ses passions et à remplir ses devoirs.

Le Malgache sans doute, connaît maintenant nos danses françaises, s'empresse d'aller à certains jours de fête où on le convie pour lui montrer nos jeux, nos façons de réjouissance ; s'amuser en un mot à la française. S'il y a là un profit pour sa formation extérieure, ce profit va-t-il jusqu'à son âme, pour le rendre meilleur ? Ne faut-il pas le travail du missionnaire ?

Dans nos écoles, on donne l'instruction religieuse, on apprend aux enfants ce beau et bon livre, qui s'appelle le catéchisme. Des prédications sont faites dans les lieux de réunion, églises ou chapelles. Les Malgaches viennent volontiers les entendre. Trop peu nombreux malheureusement, les missionnaires ne peuvent pas être partout ; mais des instituteurs ont été formés, connaissant bien la religion. Grâce à leur éloquence naturelle, ils se font écouter. Le sujet des prédications est, après la vérité doctrinale, l'explication de ce code parfait de morale, qui s'appelle le Décalogue.

Ainsi les Malgaches apprennent peu à peu leurs devoirs envers Dieu, envers leurs semblables, envers la société, envers eux-mêmes. Leurs qualités naturelles se perfectionnent. Peu à peu ils deviendront des hommes faisant honneur à la mère-patrie.

TANANARIVE. — Eglise d'Ambatonilita dédiée à Saint Vincent de Paul. (D'après une photographie.)

CONCLUSION

Le peuple malgache-hova a d'incontestables qualités, en particulier une merveilleuse aptitude pour s'assimiler notre civilisation. Mais si l'on n'y prend garde, il peut s'assimiler le mal comme le bien.

N'y a-t-il pas quelque danger, en effet, à jeter tout d'un coup entre ses mains les coutumes de l'Europe? La prudence ne demanderait-elle pas qu'on donnât peu à peu à ce peuple neuf notre civilisation de quatorze siècles?

J'ajoûte, en missionnaire, que le meilleur agent de civilisation est la Religion, qui apprend au pauvre sauvage la crainte et l'amour de Dieu.

La crainte de Dieu aide à éviter le mal; et c'est là un moyen de progrès pour la dignité de l'individu, pour l'union de la famille, pour le bon ordre de la société. L'amour de Dieu dilate le cœur, rend modéré dans les désirs, patient dans les privations, docile à l'autorité.

En résumé, les envoyés de la France à Madagascar, missionnaires de la vérité religieuse ou de la civilisation extérieure, feront là-bas, comme partout, de belles et bonnes œuvres, s'ils savent unir ces grandes choses toujours inséparables, qui s'appellent Dieu et la patrie.

Lyon, Imp. A. REY, 4, rue Gentil. — 28998.

www.ingramcontent.com/pod-product-compliance
Lightning Source LLC
Chambersburg PA
CBHW060641050426
42451CB00012B/2689